MEYERBEER

PARIS. — TYP. WALDER, RUE BONAPARTE, 41.

MEYERBEER

LES CONTEMPORAINS

MEYERBEER

PAR

EUGÈNE DE MIRECOURT

PARIS
J.-P. RORET ET Cⁱᵉ, ÉDITEUR
9, RUE MAZARINE.

1854

L'Auteur et les Éditeurs se réservent le droit de traduction et de reproduction à l'étranger.

ERRATUM.

Dans notre dernier volume (1re édition de la biographie de Jules Janin) l'imprimeur, en supprimant toute une ligne, nous a fait commettre une ânerie analogue à celles que nous reprochons au prince des critiques. Comme Marseille est le chef-lieu du département des Bouches-du-Rhône, et que vraisemblablement il le sera toujours, nous avons hâte de rétablir la phrase telle que nous la retrouvons dans notre manuscrit.

Page 80, ligne 13, — au lieu de : *Ailleurs il réforme la carte de France et déclare que Marseille est le chef-lieu du département des Bouches-du-Rhône*, lisez : — *Ailleurs il réforme la carte de France et déclare que le Rhône coule à Marseille, parce que Marseille est le chef-lieu*, etc., etc.

MEYERBEER

Le jour où nous avons esquissé notre premier type contemporain, chacun nous a crié : « Prenez garde! vous abordez une tâche impossible. La route que vous allez suivre est semée d'abîmes. Jamais on n'a pu dire la vérité qu'aux morts, les vivants ne la supportent pas. Ceux de vos personnages qui tomberont sous les coups de votre critique se transformeront en autant d'ennemis implacables, et ceux à qui vous distribuerez la louange ne vous en sauront pas gré le moins du monde : ils trouveront que vous mettez trop peu de myrrhe dans la cassolette. Vous ne pourrez que difficilement atteindre à la hauteur où ils se placent dans leur propre estime. »

Ces observations étaient justes ; pourtant nous n'avons pas cru devoir en tenir compte.

Les ennemis, nous ne les craignons pas. Ils ont beau nous menacer, nous calomnier, nous poursuivre de leur haine, le bon sens et la droiture du public nous servent d'égide. On sait que notre œuvre est honnête; on sait que les influences qui essayent de nous circonvenir sont repoussées avec perte, et nous achèverons, quoi qu'il arrive, de dire à notre siècle la vérité tout entière. Tant pis pour ceux qui méritent le blâme! tant mieux pour ceux qui sont dignes d'éloges! Nous méprisons la colère des uns, nous ne demandons aucune marque de gratitude aux autres. Êtes-vous obligé de remercier le juge, lorsqu'il n'a fait que vous rendre justice? Non. Le devoir accompli porte en lui-même sa récompense.

Voilà notre déclaration de principes.

Elle est catégorique et doit mettre un terme aux tentatives d'intimidation ou de séduction dirigées sans cesse contre nous. Si dans cinquante ans nos petits livres vivent encore, nous voulons qu'on puisse les ouvrir sans défiance ; nous entendons qu'ils ne soient jamais confondus au milieu du fatras de ces articles biographiques dictés par la rancune, ou déshonorés par d'ignobles spéculations, pour lesquelles il a fallu que le dictionnaire forgeât un mot nouveau.

Nous ne savons pas si la lumière nous est venue quelquefois du Nord ; mais nous affirmons que le *chantage* nous vient d'Italie.

Le grand compositeur dont nous allons raconter l'histoire se plaira sans doute à reconnaître la vérité de cette assertion; car il est un de ceux que, dans leurs attaques, les plumes vénales ont pris souvent et prennent encore pour point de mire. On n'insulte son génie qu'afin de mieux fouiller dans sa poche.

Giacomo Meyerbeer[1] est d'origine israélite. Il n'a aucun des nombreux défauts de sa race, et il en possède les deux qualités dominantes, la patience et la ténacité.

Né à Berlin, le 5 septembre 1794, d'une famille enrichie dans la banque, il manifesta, dès l'âge de quatre ans, les dis-

---

[1] Son véritable nom est Meyer Liebmann Beer. Il a supprimé *Liebmann*, parce que ce mot allemand, joint à *Beer*, donne en français la traduction bizarre d'*ours philanthrope*. Italianisant le prénom de son père, Jacques, et réunissant les deux autres mots en un seul, le célèbre compositeur porte aujourd'hui et gardera pour la postérité le nom de Giacomo Meyerbeer.

positions les plus surprenantes pour la musique. Lorsqu'un orgue de Barbarie jouait sous les fenêtres de la maison paternelle, le jeune virtuose courait au clavecin du salon et reproduisait avec un accompagnement plein de délicatesse et de grâce le chant populaire qu'il venait d'entendre.

Pascal était géomètre au berceau; le génie de l'éloquence inspirait Pic de la Mirandole enfant; nous savons tous à quel âge Victor Hugo fit ses premiers vers.

On remarque à l'aurore des grands génies une sorte de révélation providentielle.

Afin qu'ils ne s'écartent point de la route à suivre, Dieu prend soin de l'éclairer d'avance par un rayon lumineux.

Le père de Giacomo comprit la vocation de son fils ; il ne négligea rien pour développer ce talent précoce. Toute la famille, du reste, avait le goût des beaux-arts, de la littérature et des sciences [1].

Un instrumentiste célèbre, nommé Lauska, fut choisi pour diriger Giacomo dans ses premières études musicales. L'enfant ne tarda pas à faire des progrès rapides. A l'âge de sept ans, il eut au bout des doigts tous les secrets du clavier. Son maître le conduisait avec lui dans les concerts d'amateurs, où la

[1] Meyerbeer a deux frères. Le premier, Guillaume, est un astronome distingué, dont les travaux ont été couronnés par l'Académie de Berlin ; le second, Michel, était un poëte, que la mort a prématurément enlevé à l'Allemagne. Il a composé deux tragédies remarquables : *le Paria* et *Struensée*.

société la plus intelligente et la mieux choisie de Berlin venait entendre le jeune prodige. Nous trouvons dans la *Gazette de Leipsick*, à la date de 1803, un article où l'on parle de Meyerbeer comme de l'un des meilleurs pianistes de sa ville natale.

Il entrait alors dans sa neuvième année.

Vers la même époque, l'abbé Vogler, organiste de distinction et théoricien de premier ordre, dirigeait, à Darmstadt, une école de musique très en vogue. Lors d'un voyage que l'abbé fit à Berlin, Giacomo lui fut présenté. Devant ce juge sévère, l'enfant exécuta les morceaux les plus difficiles, et Vogler lui dit :

« — Courage ! si vous persévérez dans

le travail, vous deviendrez une des gloires de l'Europe! »

Il lui conseilla de prendre pour maître de composition Bernard-Anselme Weber[1], ex-élève de l'école de Darmstadt, devenu chef d'orchestre au premier théâtre de Berlin. Ce professeur dirigea parfaitement Giacomo pour tout ce qui concerne l'instrumentation et le style dramatique ; mais, si l'on en croit un biographe belge, M. Fétis[2], il avait une

[1] Ne pas confondre avec l'auteur du *Freyschütz*, que nous allons bientôt rencontrer dans cette histoire.

[2] M. Fétis, directeur du Conservatoire de musique de Bruxelles, auteur d'une *Biographie des Musiciens* en huit volumes in-8o, et musicien lui-même. M. Fétis est un compositeur rétrospectif, plein d'archaïsmes musicaux. Il a écrit un opéra en un acte, intitulé *la vieille*, dont Rossini disait en plaisantant :
« — Avez-vous vu la *Vieille* musique de Fétis ? »

connaissance très-restreinte des règles de l'harmonie et ne pouvait pas guider son élève dans l'étude des divers genres de contre-point et de fugue.

Nous empruntons à M. Fétis une anecdote assez curieuse.

Giacomo s'était un jour avisé de composer une fugue. Il accourut la montrer au chef d'orchestre, et celui-ci tomba dans l'extase.

— Merveilleux ! s'écria-t-il; admirablement conçu ! Rien n'y manque, c'est un chef-d'œuvre ! Je vais expédier sans plus de retard ce morceau à Darmstadt, et l'abbé Vogler apprendra qu'il n'est pas le seul à former d'excellents élèves.

Aussitôt fait que dit.

La fugue, soigneusement empaquetée,

prend le chemin du grand-duché de
Hesse.

Un mois, deux mois se passent; point
de réponse.

— Bon! se dit le chef d'orchestre,
voilà notre abbé jaloux. Pas un de ses
élèves n'en ferait autant; son orgueil
souffre, il nous boude.

Le brave homme se pressait trop de
chanter victoire. Un rouleau volumineux
arrive tout à coup de Darmstadt. Weber
le décachète et pousse un cri de saisis-
sement. Il se trouve en face d'un *Traité
complet de la fugue*, écrit tout entier de
la main du maître de l'école de musique.
Ce traité se divisait en trois parties : la
première donnait un exposé général et
succinct des règles du genre; la seconde

renfermait l'analyse critique de la fugue de Giacomo, l'examinait dans tous ses détails et prouvait qu'elle était loin d'être bonne ; la troisième enfin, joignant l'exemple au précepte, contenait une fugue, écrite par l'abbé Vogler sur le même thème, et raisonnée théoriquement, note par note, mesure par mesure, avec une logique désespérante.

La leçon était dure ; les bras en tombèrent au pauvre chef d'orchestre.

Giacomo s'empara de ce traité savant, qui jetait le *Fiat lux* au milieu du chaos de ses études. Il le parcourut nuit et jour, en suivit tous les enseignements avec scrupule, et pour lui le ciel musical n'eut plus de nuage.

Il composa bientôt une fugue à huit

parties et l'envoya directement à l'abbé Vogler.

« Venez, lui écrivit le maître ; je vous recevrai chez moi comme un fils, et je vous ferai puiser aux sources de la science. »

A Darmstadt, l'abbé Vogler était organiste de la cathédrale. Ses disciples s'exerçaient surtout à la composition de la musique d'église. Toute autre famille juive aurait vu là peut-être un obstacle insurmontable ; mais les préjugés de secte et de religion s'effaçaient pour les parents de Meyerbeer devant les instincts artistiques. On prépara le trousseau du jeune homme, et l'école du prêtre chrétien reçut avec joie l'élève israélite.

« Les disciples de l'abbé Vogler, dit Méry,

dans une notice publiée en 1836, étaient Charles Marie de Weber, cet ami que Giacomo a conservé jusqu'à sa mort; Gambascher, depuis maître de chapelle à Vienne, et Godefroy de Weber. La journée commençait par une messe, célébrée par l'abbé Vogler, et servie par l'auteur du *Freyschütz*. Après la messe venait le travail; le maître donnait à chacun de ses élèves le thème qu'on devait remplir dans la journée. C'était un *Kyrie*, un *Sanctus*, un *Gloria in excelsis*. Vogler se mettait, lui cinquième, à l'œuvre, et le soir on avait terminé de quoi fournir à la consommation pieuse de toutes les paroisses du grand-duché de Hesse-Darmstadt. »

En moins de deux ans, Giacomo fut initié aux mystères du contre-point; il n'ignora plus aucune des lois de la fugue.

Il existait entre les quatre élèves une émulation puissante, dont l'amitié n'eut jamais à souffrir [1] et qui servit à développer ces beaux talents destinés à étonner le monde.

Toute l'école se rendait à la cathédrale le dimanche.

Deux orgues attendaient la troupe harmonieuse. Vogler en tenait un. Sur l'autre ses élèves lui faisaient écho, reproduisant tour à tour les motifs du maître ou lâchant la bride à leur enthousiasme

---

[1] « On a trouvé dans les papiers de Weber une cantate précieuse. Elle porte ce titre : « Cantate écrite par Weber pour le jour de la naissance de Vogler, et mise en musique par Meyerbeer et Gambascher. » Elle est datée du 10 juin 1810. Meyerbeer s'était chargé des chœurs et d'un trio, Gambascher des *soli*. Les vers sont très-touchants et dignes de Weber, qui avait beaucoup de talent pour la poésie, et qui, s'il eût persévéré, fût devenu aussi bon poète qu'il est grand musicien. » (*Revue contemporaine*, numéro du 31 juillet 1853.)

musical ; si parfois ils se sentaient entraînés sur la route de l'inspiration.

« C'était, dit M. Léon Kreutzer [1], à qui des jeunes disciples se hasarderait le premier à s'affranchir des entraves, et à entr'ouvrir un peu les portes de l'idéal, quitte à avoir les yeux éblouis par une lumière trop éclatante. Lorsque ces bouillants improvisateurs, s'abandonnant sans règles à l'ardeur de leur imagination, couraient ainsi à la recherche de l'inconnu, croisant les rhythmes, les desseins, les modulations au gré de leur caprice, le bon abbé s'arrêtait tout surpris; il ne reconnaissait plus ses sages élèves de la veille. Il ne grondait pas, mais il devenait un peu triste. Peut-être souffrait-il dans son orgueil. Ces hardiesses lui révélaient des sources d'inspiration auxquelles il ne lui était pas permis de s'abreuver. Il s'avouait qu'il avait à peine fait la moitié du chemin, et que l'heure était

[1] Critique musical, beaucoup plus distingué que le napolitain Fiorentino.

venue de s'arrêter sur la route, tandis que ses élèves allaient en parcourir peut-être la partie la plus brillante et la plus fleurie. »

A dix=sept ans, Meyerbeer avait écrit déjà plusieurs morceaux de musique religieuse assez remarquables. Un de ces morceaux, *Dieu et la Nature*, lui valut les applaudissements unanimes de la cour de Hesse-Darmstadt. Le grand-duc lui envoya des lettres patentes qui le nommaient son compositeur ordinaire.

Jusqu'à ce jour le grand artiste n'a pas cru devoir publier les œuvres de sa jeunesse, plus habile en ceci que beaucoup de ses confrères, trop empressés à se rendre complices de la spéculation des éditeurs, et qui nuisent à leur célébrité en fatiguant le public de tous les essais, de tous les fragments et de toutes les ébauches composés à l'époque de leurs débuts.

On accuse Meyerbeer de prendre trop soin de sa gloire : c'est un reproche que beaucoup d'artistes, atteints et convaincus de négliger la leur, devraient essayer d'encourir.

Meyerbeer sait parfaitement quels étaient les défauts de ses premières compositions : elles péchaient par l'excès des formules scolastiques et n'offraient pas, sous le rapport de la mélodie, un grand fonds de richesses. L'enseignement de l'abbé Vogler étouffait l'inspiration sous la science. Giacomo ne tarda pas à s'en apercevoir.

En 1811, le maître ferma son école. Il

entreprit avec ses élèves une tournée dans les villes allemandes.

Meyerber avait en portefeuille son premier opéra, *le Vœu de Jephté*, que ses compagnons de voyage regardaient comme un chef-d'œuvre. Le théâtre de Munich accueillit la pièce du jeune compositeur ; mais la représentation ne réalisa pas les espérances qu'on avait conçues. Depuis quelque temps la musique italienne était en faveur dans toute l'Allemagne ; l'élève de Vogler n'eut qu'un succès d'estime.

Giacomo se rendit à Vienne, afin de se relever par des triomphes de pianiste exécutant.

A cette époque, Paris, voué à la harpe et à la guitare, ne songeait pas à conquérir le surnom de *Pianopolis*, qu'il mérite si complétement de nos jours. La science des Hummel et des Clementi n'était populaire que de l'autre côté du Rhin. Le second de ces artistes avait autrefois donné quelques leçons à Meyerbeer avant le séjour à Darmstadt; mais Giacomo n'avait jamais entendu Hummel; et bien lui prit d'étudier la manière de ce maître, car il reconnut tout d'abord qu'il n'était pas de force à rivaliser avec lui sans être vaincu dans la lutte.

On a dit depuis longtemps que le génie est fils de la patience : Meyerbeer est une preuve de plus de la vérité de cet axiome. Il possédait deux qualités précieuses particulières à l'école de Clementi, la nouveauté de traits et le brillant d'exécution; mais il n'avait ni la pureté, ni le charme, ni la grâce du jeu de Hummel. Que fait alors le patient élève de Vogler? Il s'enferme pendant six mois, consacre tous ses efforts, tout son temps, toutes ses veilles à joindre aux qualités qui le distinguent celles du pianiste en vogue; puis, sûr de lui-même et quittant sa retraite, il débute avec un succès éclatant dans les concerts de Vienne.

Ébloui par des prodiges de science instrumentale inconnus jusqu'à ce jour, Hummel courbe la tête et salue son vainqueur [1].

[1] On a dit que Meyerbeer avait refusé de laisser graver alors sa musique de piano, dans la crainte

Ce qu'il faut dire avant tout à la louange de Meyerbeer, c'est que le plus noble et le plus pur amour de l'art a constamment dirigé sa conduite. L'art est son idole ; rien ne lui coûte, ni voyages, ni fatigues, ni sacrifices pour se mettre à sa recherche. Honneurs, plaisirs, fortune, il néglige tout, il renonce à tout pour rester fidèle à ce culte fervent.

Dans un siècle où le veau d'or reçoit de si perpétuelles adorations, il est beau de voir un homme repousser du pied le dieu de métal et n'encenser que la gloire.

qu'on ne surprît le secret de son habile exécution. Nous croyons plutôt qu'il n'avait pas en grande estime des morceaux de musique dans lesquels on sacrifie toujours la solidité à l'éclat, et qu'il ne les a pas jugés dignes d'être publiés.

Mais il est riche, objectera-t-on ; voilà ce qui donne à son caractère d'artiste plus de franchise et plus de grandeur.

Riche tant qu'il vous plaira. C'était une raison pour se dispenser du travail et pour obtenir, en les payant, ces triomphes éphémères qui suffisent à l'orgueil. Riche, si vous le voulez toujours. En ce monde, les plus riches se montrent souvent les plus avides, même quand ils ont conquis leur fortune dans les arts.

M. Scribe est riche. Ses œuvres sont-elles lentes, mûries, sculptées par le temps et par la patience? renonce-t-il à l'exploitation pour la gloire? Mademoiselle Rachel est riche, et l'art, Dieu merci, ne l'inquiète guère; les millions ont toutes ses sympathies.

Quoique riche, notre compositeur aurait donc pu céder au mobile qui en pousse tant d'autres.

Comme Hermione, ses instincts d'origine et de naissance le portaient au lucre, à l'entassement des richesses : il a dompté ses instincts, il a donné l'exemple du désintéressement. Au lieu de faire suer l'or à sa renommée, il a mis les ressources de son patrimoine au service de son génie. Ses luttes, ses travaux, n'ont eu pour objet que les conquêtes artistiques. Il a pâli dans l'étude pour l'étude elle-même; il a creusé jusqu'aux dernières profondeurs de la science pour y chercher des palmes et non des lingots.

Voilà ce qu'il fallait établir; revenons à notre histoire.

Les applaudissements que Vienne accordait au pianiste ne faisaient pas oublier au compositeur l'échec essuyé à Munich. Ambitionnant une autre illustration que celle des Hummel et des Clementi, Giacomo quitta la place où devaient s'asseoir après lui les Schopin, les Listz et les Thalberg.

Il venait de terminer *Abimeleck* ou *les Deux Califes*. Le théâtre impérial consentit à monter cet ouvrage; mais une seconde fois Giacomo se brisa contre l'engouement italien, que la cour d'Autriche appuyait de son influence.

M. de Metternich assistait à la représentation d'*Abimeleck*; il ne daigna pas une seule fois applaudir.

— Véritable idole du psalmiste! mur-

mura l'abbé Vogler du fond de sa loge, en jetant sur le prince un regard furieux : il a des oreilles pour ne pas entendre !

Et Weber disait à Giacomo :

— Je soutiens que ta musique est bonne ! Il n'y a plus d'Allemagne, où tous ces gens-là perdent l'esprit !

Mais l'auteur des *Deux Califes* n'était pas homme à se contenter de ces arguments. Doué d'un sens droit et d'une réflexion solide, il comprit que ses amis poussaient un peu loin le patriotisme en matière musicale. Si le goût public n'était plus le même, la sagesse voulait qu'on remontât à la cause de ce changement pour l'examiner et l'approfondir. Il se dit qu'une révolution dans l'art avait toujours sa raison d'être.

Bientôt les conseils d'un vieil artiste, rempli d'expérience, achevèrent d'éclairer le jeune homme sur la marche qu'il avait à suivre.

Quelques jours après la chute de son nouvel opéra, Giacomo vit entrer dans sa chambre le directeur de la chapelle de l'empereur, Salieri, l'illustre virtuose, connu par son opéra des *Danaïdes*, et pour lequel, vingt-cinq ans auparavant, Beaumarchais écrivait le libretto de *Tarare*.

— Vous avez, dit-il au jeune homme, trop de candeur dans la méthode. Chez vous l'art est vierge encore. Il faut aller embrasser la muse. Vous la trouverez en Italie, à l'ombre des citronniers en fleurs.

Giacomo partit pour Venise. Huit mois de séjour dans cette ville, où se jouaient les opéras de Rossini, transformèrent son talent de la façon la plus complète. Il étudia, sous le ciel même qui l'inspire et dont elle semble une émanation, cette fraîche et délicieuse musique italienne, à laquelle l'auteur de la *Semiramide* doit sa gloire et son immortalité.

Tancredi [1] fut pour Meyerbeer une révélation suprême.

Les ailes de son génie, retenues jusque-là par les entraves d'une science trop lourde et trop systématique, se déployèrent au souffle de l'inspiration.

---

[1] Cette pièce était alors à Venise dans tout l'éclat de son premier succès.

Toutefois, il attendit, et ne voulut faire résonner les cordes nouvelles attachées à sa lyre que le jour où il fut sûr de leur puissance. En 1818 seulement, c'est-à-dire trois années après le départ de Vienne, il donne à Padoue, son premier opéra italien, *Romilda e Constanza*, dont madame Pisaroni chante le principal rôle. L'année d'ensuite, il écrit à Turin, pour madame Caroline Bassi, le rôle de la *Semiramide riconosciuta*, et, au commencement de 1820, le théâtre San Benedetto, à Venise, joue *Emma di Risburgo*, dont le succès égale celui du *Tancrède* de Rossini.

Nous voyons, à cette époque, Meyerbeer revenir en Allemagne, avec son bagage harmonique.

Précédé d'une réputation déjà solide, il comptait obtenir des bravos[1]. Mais les mêmes hommes qui, en repoussant ses premières œuvres, l'avaient contraint d'aller embrasser la muse italienne, se mirent à le traiter de renégat, de transfuge, de fils indigne de la muse allemande, et les journaux de Prusse dirigèrent contre lui de violentes et cruelles attaques.

Weber fut maltraité lui-même, le jour où il voulut prendre la défense de son ancien condisciple. L'amitié seule lui suggérait ce dévouement, car il déplorait le premier la transformation du talent de Giacomo.

[1] On s'arrangea pour ne pas représenter à Berlin *la Porte de Brandebourg*, dont il apportait la partition d'Italie. Cet opéra, tout de circonstance, avait été composé par Meyerbeer pour une fête qui devait avoir lieu dans sa ville natale.

— Hélas! lui disait-il, tu renies l'Allemagne!

— Non, répondait l'auteur d'*Emma*, je la régénère.

— Silence, tu blasphèmes! Avons-nous besoin des emprunts de l'étranger? Je te prouverai, moi, qu'on peut faire un opéra purement allemand, et cueillir des palmes aussi glorieuses que celles de Rossini.

Dix-huit mois après, le *Freyschütz* était représenté sur le grand théâtre de Berlin. Weber se donna raison, mais Giacomo n'avait pas tort. Sous quelque forme qu'il se révèle, le génie, ce don céleste, a droit aux hommages de tous. Les distinctions d'école ne sont que pur enfantillage[1].

---

[1] Cependant Charles-Marie Weber prenait ces distinctions très au sérieux. Il écrivit un jour à Gode-

Du reste, la cabale organisée contre Meyerbeer ne put empêcher le mérite du célèbre compositeur de se faire jour en Allemagne, surtout à Dresde, où le roi de Saxe ne crut pas devoir pousser le sentiment patriotique jusqu'à l'injustice.

froy Weber, le quatrième élève de l'école de Darmstadt : « Vendredi dernier, j'ai eu la grande joie d'avoir Giacomo tout un jour chez moi. Les oreilles doivent t'avoir tinté ! C'était vraiment un jour fortuné, une réminiscence de ce bon temps de Manheim. Nous ne nous sommes séparés que tard dans la nuit. Meyerbeer va à Trieste pour mettre en scène le *Crociato*. Il reviendra avant un an à Berlin, où il écrira peut-être un opéra allemand. Dieu le veuille! J'ai fait maint appel à sa conscience. » Charles-Marie Weber mourut en 1826, sans avoir eu la consolation de voir son ami racheter par sa célébrité de compositeur français l'apostasie dont on l'accusait de s'être rendu coupable envers l'école allemande. On dit que, pour amener Meyerbeer à une conversion plus prompte, l'auteur du *Freyschütz* le chargea, à son lit de mort, de terminer l'opéra-comique de *Pinto*.

Emma di Risburgo fut vivement applaudie par la cour et la ville.

Meyerbeer, en destinant à l'opéra de Berlin *la Porte de Brandebourg*, et en faisant traduire pour ses compatriotes les œuvres écloses sous le ciel de Venise ou de Padoue, manifesta l'intention trop formelle d'importer dans sa patrie le style italien. Ses mécomptes, du reste, lui furent profitables. Il revint au style allemand par la suite, après avoir butiné dans les plaines fleuries de la musique légère, et resta maître de toutes les formes de l'art.

Milan rappela Giacomo dans ses murs. Les portes de la Scala s'ouvrirent pour sa *Margherita d'Angiù*. Vint ensuite l'Ésule di Granata[1], puis ce magnifique Crociato, représenté pour la première fois à Venise en 1824.

Il Crociato fit le tour du monde.

Après avoir été couronné dans tous les théâtres de l'Europe, il traversa les mers, parcourut les États d'Amérique, et ne s'arrêta qu'au Brésil, attendu qu'il lui était impossible d'aller plus loin.

L'empereur de Rio-Janeiro envoya la croix du Sud à l'auteur.

Marguerite d'Anjou fut le premier ouvrage de Meyerbeer traduit en France.

---

[1] Un opéra en deux actes, Almanzor, devait être joué à Rome après l'Esule. Une maladie de madame Caroline Bassi empêcha la représentation. Cette œuvre resta en portefeuille. On affirme que le maître a transporté dans ses opéras français la musique d'Almanzor et de la Porte de Brandebourg.

La salle de l'Odéon vit tout Paris accourir dans son enceinte, et M. Castil-Blaze, accroché à un pan de la robe du maître[1], marcha très-vite à la renommée et à la fortune.

Vers cette époque, le surintendant des théâtres, Sosthènes de La Rochefoucauld, écrivit, au nom de Charles X, à Meyerbeer pour le prier de venir à Paris diriger aux Bouffes les répétitions du *Crociato*. Le compositeur ne se fit pas attendre, et la pièce fut mise à l'étude sous ses yeux.

Chose étrange! cet opéra, parfaitement accueilli de l'Europe entière, n'eut chez nous qu'un succès médiocre. Les oreilles

[1] Ce musicien eut le privilége de mutiler et de travestir au profit de l'Odéon beaucoup d'opéras étrangers.

parisiennes, doucement chatouillées jusqu'alors par la *Gazza Ladra*, *il Barbiere* et *le Nozze di Figaro*, se scandalisèrent aux effets d'orchestre de l'œuvre nouvelle. On prétendit que la partie vocale était complétement éteinte sous un tonnerre de cuivre, et qu'il était impossible d'entendre cette musique sans perdre complétement le sens de l'ouïe.

Bref, on se montra plus Italien que les Italiens eux-mêmes, qui avaient applaudi le *Crociato* à Venise, à Naples, à Bologne, à Ferrare.

Le goût public a fait heureusement justice de ces absurdes préventions musicales. Trois ans plus tard, *il Crociato* fut repris et reçut meilleur accueil.

M. Léon Kreutzer raconte une anecdote qui prouve, dit-il, à quels singuliers détails peuvent être suspendues les destinées d'une œuvre dramatique.

« Voici l'incident qui divertit un moment le parterre :

« Dans l'admirable *quartetto* du second acte figure un enfant, personnage muet, le fils de Palmide, que sa mère présente au soudan, pour le ramener à des idées plus traitables.

« Ce jeune enfant, maudit par Apollon, n'aimait pas la musique et s'intéressait peu à la scène.

« La soirée étant avancée, bientôt il ouvre la bouche, non pour se mêler à l'ensemble harmonieux, mais par ce mouvement machinal dont nous ne pouvons nous défendre, lorsque le besoin de sommeil se fait sentir.

« Bref, l'enfant bâille, et le public sourit.

« Palmide chantait : *Frena le lagrime* (deuxième bâillement) ; *consolarti sapra il ciel*. (troisième bâillement, suivi d'une infinité d'autres).

« Pour le coup la salle éclate.

« Il n'est plus possible à la cantatrice d'achever son morceau. On se hâte de remmener le jeune barbare, cause innocente de toute cette confusion. »

Quelques partisans acharnés de Rossini essayèrent bien un peu de profiter de l'aventure pour mettre obstacle à l'éclatante réhabilitation de l'œuvre; mais leur méchant vouloir fut en pure perte. D'unanimes applaudissements vengèrent le maëstro des coteries italiennes.

En 1827, Meyerbeer se maria.

Longtemps on put croire que les joies de l'hymen et l'amour de sa jeune femme le décidaient au repos; mais le bonheur double l'inspiration chez l'artiste, et le chagrin seul peut suspendre le chant de la muse. Giacomo pleurait à Berlin, dans la retraite et le silence, deux enfants que venait de lui enlever la mort. Pendant dix-huit mois entiers, il ne composa que des morceaux de musique religieuse. Nos temples chrétiens répètent aujourd'hui les chants pieux inspirés au fils d'Israël par le souvenir des harpes de Sion.

Les douze *Psaumes* à double chœur, le *Stabat*, le *Miserere*, le *Te Deum*, sont des œuvres pleines de sentiment et de grâce solennelle [1].

[1] On reporte également à cette époque la composition du dithyrambe à *Dieu*, — du *Moine*, — du *Vœu pendant l'orage*, — de *Rachel et Nephtali*, — des huit cantiques de Klopstock, à quatre voix, sans accompagnement, et d'une foule de cantates religieuses, au nombre desquelles Meyerbeer plaça son oratorio de *Dieu et la Nature*, après l'avoir retouché. Dans les œuvres du compositeur, il ne faut pas oublier un

Meyerbeer ne revint à Paris qu'en 1830, pour diriger la mise en scène de *Robert-le-Diable*, dont M. Scribe lui avait envoyé en Prusse le libretto définitif. La pièce, destinée à l'Opéra-Comique, n'eut d'abord que trois actes; elle fut remise en cinq, à la prière de M. de La Rochefoucauld, et donnée à l'Académie royale de musique.

Le compositeur avait à peine livré sa

recueil de mélodies, dont les principales sont : *le Chant du Trappiste, — Fantaisie, — la Mère-Grand, — Ma Barque légère, — Au tombeau de Beethoven, — le Chant des Moissonneurs vendéens, — la Sérénade italienne, — les Souvenirs de Mina, — le Chant du Dimanche, — la Marguerite au rouet, — la Religieuse, — le Roi des aulnes, — le Rantz des vaches d'Appenzell, — le Chant de Mai, — Elle et Moi, — le Poète mourant, — la Chanson de maître Floh,* etc., etc.

partition que la tempête des trois jours éclata.

M. de La Rochefoucauld perdit son emploi de surintendant des théâtres, et l'Opéra subit une transformation complète. Il passa des mains du représentant de la maison du roi à celles d'un entrepreneur privilégié, nommé par l'État et subventionné grassement.

Cet heureux mortel fut le docteur Véron.

Toute la bourgeoisie parisienne fut récompensée en sa personne pour avoir brisé le sceptre de la branche aînée.

Dans les spirituels et facétieux *Mémoires* qu'il est en train d'offrir au public, le docteur a tort, selon nous, de crier au scandale et d'essayer de réfuter une accusation que ces maudits journalistes lui jettent perpétuellement dans les jambes.

— On dit que vous aviez très-peu de confiance dans le talent de Meyerbeer, docteur ; où est le mal?

— En prenant vos degrés à la faculté de médecine, vous n'aviez pas appris à tâter le pouls à une partition. Comme tous les directeurs présents, passés et futurs, vous étiez de l'avis de Chamfort et vous vous disiez *in petto* : « Ce qui réussit le mieux, c'est le succès [1]. » Or, le succès contesté

[1] M. Nestor Roqueplan, le dernier directeur-entrepreneur de l'Opéra, ne s'écartait jamais de ce principe. On lui présentait, un jour, la partition d'un auteur inconnu. « Peuh! fit-il, remportez cela! — Au moins veuillez l'entendre, lui dit son interlocuteur. — Eh! pourquoi voulez-vous que je l'entende? elle me fera dormir comme un ouvrage d'Halévy, de Meyerbeer ou d'Auber ; mais il n'y a de succès possible qu'avec ces trois noms-là... et encore! »

du *Crociato* vous semblait une garantie insuffisante. Vous aviez des transes fort pénibles quand on vous suppliait de mettre à l'étude *Robert-le-Diable*. Si l'auteur n'avait pas été assez riche pour préparer, sinon pour payer sa gloire, il est probable que la France eût été privée de ce chef-d'œuvre. Alors, vous n'eussiez point fait fortune ; il vous eût été impossible d'acheter le *Constitutionnel* ; vous n'appartiendriez pas aujourd'hui au corps législatif, et nous serions privés de lire vos *Mémoires*.

Ah mais ! ce n'est point à nous que l'on peut en conter, docteur !

Si vous étiez si enthousiaste de la pièce, pourquoi n'a-t-elle été représentée que le 22 novembre 1831? Essayez de répondre à cela.

Mais, direz-vous, Meyerbeer affirme lui-même qu'il n'est entré pour rien dans les dépenses. Parbleu! voulez-vous qu'il nous dise à l'oreille que la pièce lui a coûté quinze ou vingt mille écus de frais préalables? Il est trop galant homme pour ne pas laisser à votre administration tout l'honneur de cette initiative.

Que le virtuose ait contribué ou non de ses deniers personnels à la mise en scène de l'œuvre[1], il n'en est pas

---

[1] On savait très-bien à Paris que Meyerbeer, possesseur d'une grande fortune, n'hésitait jamais devant un sacrifice. On racontait qu'en Italie, il avait payé l'auteur du libretto de *Romilda*, rémunéré les chanteurs, acheté pour cent louis de costumes et donné la partition gratis.

moins avéré que *Robert-le-Diable* est le succès le plus éclatant dont les fastes de l'Opéra français gardent le souvenir : succès de partition, succès de chanteurs, succès de libretto, succès de ballets, succès de décors. Les cinquante premières recettes furent de dix mille francs. Jamais, depuis, elles ne tombèrent au-dessous de sept mille.

A cette représentation de *Robert*, il y eut sur la scène des accidents sans nombre, et nous laisserons le docteur les raconter lui-même. Il était là : vous pouvez ajouter foi à ses discours ;

« Au troisième acte, dit-il, un portant, sur lequel étaient accrochées une douzaine de lampes allumées, tombe avec fracas sur le théâtre, presque au moment où mademoiselle

Dorus entre en scène[1]. Les verres de ces lampes se brisent. Ce portant faillit tomber sur la tête de mademoiselle Dorus; mais elle ne s'effraya point, recula de quelques pas et continua son rôle sans être le moins du monde troublée.

« Après les belles scènes chantées du troisième acte, après le chœur des démons, un rideau sortait *du dessous* et s'enlevait vers les cintres, au moyen de fils de fer assez nombreux. Plusieurs de ces fils de fer étaient mal attachés. Lorsque le rideau de nuages arriva à une assez grande hauteur, tout près des frises, il se détacha et tomba sur l'avant-scène.

« Mademoiselle Taglioni, étendue sur son tombeau, en sa qualité de statue non encore animée, n'eût que le temps de revenir à la

---

[1] Elle jouait le rôle d'*Alice*. Mademoiselle Falcon alterna plus tard avec elle, vers la trentième représentation. Nourrit s'était chargé du personnage de *Robert* et Levasseur de celui de *Bertram*. Madame Damoreau jouait le rôle de la princesse *Isabelle*.

vie et de sauter au loin pour ne pas être grièvement blessée.

« Je donnai l'ordre de baisser immédiatement le grand rideau de service; et il se releva peu de temps après, aux applaudissements du public, sur la décoration du cloître, si originale et si habilement éclairée.

« Un accident bien plus terrible se produisit au cinquième acte, à la suite de l'admirable trio qui sert de dénoûment à l'ouvrage.

« Bertram devait se jeter seul dans une *trappe anglaise* pour retourner vers l'empire des morts. Nourrit, converti par la voix de Dieu et par les prières d'Alice, devait au contraire rester sur la terre pour épouser la princesse Isabelle; mais cet artiste passionné, entraîné par la situation, se précipita étourdiment dans la trappe à la suite du dieu des enfers.

« Il n'y eut qu'un cri sur le théâtre : « Nourrit est tué ! »

« Mademoiselle Dorus, que n'avait pu émouvoir le danger qu'elle avait couru personnellement, quitta la scène, pleurant à sanglots.

« Il se passait alors sur le théâtre, dans le *dessous* et dans la salle trois scènes bien diverses. Le public surpris croyait que Robert se donnait au diable et le suivait aux sombres bords. Sur la scène ce n'étaient que gémissements et désespoir. Au moment de la chute de Nourrit on n'avait point encore heureusement retiré l'espèce de lit et les matelas sur lesquels tomba M. Levasseur. Nourrit sortit de cette chute sain et sauf.

« Dans le *dessous* du théâtre, M. Levasseur, calme, regagnait tranquillement sa loge.

« — Que diable faites-vous ici ? dit-il à Nourrit, en le rencontrant. Est-ce qu'on a changé le dénoûment ?

« Nourrit se pressait trop de venir rassurer tout le monde par sa présence, pour entamer une conversation avec son camarade Bertram. Il put enfin reparaître, entraînant avec lui mademoiselle Dorus, pleurant alors de joie. D'unanimes applaudissements éclatèrent dans toute la salle ; le rideau tomba, et les noms des auteurs furent proclamés au milieu d'un enthousiasme frénétique¹. »

Il faut dire, à la louange du docteur, que, ses craintes une fois calmées et le talent de Meyerbeer solidement établi dans son estime par la consécration du succès, il ouvrit sa caisse toute grande et fit les choses à ravir. Il racheta dix-neuf mille francs le congé de madame Damoreau, qu'elle était en droit de prendre au commencement de décembre, et porta les feux de Bertram de cinquante francs à cent francs.

Les directeurs de l'Opéra sont comme les rois : on les reconnaît à la magnanimité.

Meyerbeer venait de s'élancer, d'un

¹ *Mémoires d'un Bourgeois de Paris*, tome III, pages 233, 234 et 235.

seul bond, au plus radieux sommet de la gloire. Son éloge sortait de toutes les bouches; la presse était à ses ordres ; la critique lui léchait les mains; tous les feuilletons sonnaient pour lui d'éclatantes fanfares. *Guillaume Tell*, *Moïse*, le *Siége de Corinthe* n'étaient plus joués que par fragments, et Rossini ne pardonnait pas à la France les ovations pompeuses accordées à Giacomo.

Nous devons avouer, pour être juste, que ces deux grands hommes se détestent cordialement.

Ils ne savent ni l'un ni l'autre se préserver d'un travers trop commun, qui consiste, chez les artistes, à regarder la renommée d'autrui comme un vol fait à leur propre renommée.

Le talent serait trop beau, si la jalousie et le sot orgueil n'attachaient pas quelques haillons à sa robe de pourpre.

Voyant bouder Rossini, le docteur Véron lui proposa le plan de *Gustave*, avec la collaboration de M. Scribe, affirmant qu'un sujet dramatique, où toutes les grandes passions humaines seraient en jeu, n'était pas un élément à dédaigner.

— Croyez-moi, lui dit-il, de l'action, des contrastes, du luxe dans les costumes et dans les décors, voilà qui aide puissamment une œuvre musicale!

Il ne remarqua pas le rire sardonique du maëstro.

— Vous oubliez, dit Rossini, quatre-vingts musiciens de plus à l'orchestre.

— Oui, se hâta de répondre Véron,

de l'ampleur, de la force dans les accompagnements ; votre orchestre des Bouffes est trop maigre.

Le pauvre homme donnait en plein dans le panneau.

—Recevez mes félicitations, monsieur, dit Rossini ; vous avez là d'excellents principes. Appliquez-les à l'œuvre nouvelle que vous montez en ce moment [1]. Elle obtiendra, vous pouvez en être sûr, un succès pareil à celui de *Robert-le-Diable*. Quant à moi, je retourne en Italie, et je reviendrai quand les juifs auront fini leur sabbat.

---

[1] *La Juive*, de M. Halévy. Ce compositeur est également de souche israélite. Des critiques rigoureux ont dit de M. Halévy « qu'il était le crime et la punition de Meyerbeer. » Le mot nous semble absurde : si les imitateurs changent en défauts les qualités du maître, c'est leur affaire, et non la sienne.

Là-dessus, Rossini congédia froidedement le docteur.

Meyerbeer sut l'anecdote.

Jamais la rancune en lui n'est expansive; elle ne se révèle par aucune allusion perfide, par aucune parole amère. Il est d'une finesse et d'une diplomatie rares.

Lorsque la conversation tombe sur le cygne de Pesaro, l'auteur de *Robert* n'a pas assez de paroles flatteuses pour préconiser son rival; il exalte Rossini, se confond en éloges, s'exprime sur le talent de ce virtuose avec une admiration profonde; et, par derrière, sournoisement, en tapinois, il entretient et stipendie une troupe de dormeurs bénévoles, qui, de temps à autre, vont ronfler à

Otello, à *il Barbiere* ou à la *Cenerentola*.

Est-ce possible? direz-vous.

Rien de plus exact. Nous avons la preuve que le maëstro lui-même joue quelquefois cette comédie plaisante, et daigne montrer au public ses nobles paupières alourdies par les prétendus pavots de la musique rossinienne.

En octobre dernier, à la seconde représentation de *Semiramide*, Meyerbeer paraît, un soir, aux Bouffes, à une loge d'avant-scène.

Au moment où il entre, madame Bosio lance au public les merveilleuses roulades de son grand air. Le maître se tourne vers la scène, écoute et se met à applaudir ostensiblement, de manière à laisser voir qu'il ne fait que payer un juste tribut au talent de la cantatrice. Puis, au finale du premier acte, il se renverse lentement dans son fauteuil, ferme les yeux et semble plongé dans le plus délicieux sommeil.

On le regarde de tous les coins de la salle ; on chuchote ; on se montre scandalisé.

— Ne faites pas attention, dit à ses voisins Jules Sandeau, qui par hasard se trouve à l'orchestre. C'est Meyerbeer : il s'économise un dormeur !

En dépit de ce malin sommeil du maëstro, le finale du premier acte de *Semiramide* n'en sera pas moins regardé toujours, et à juste titre, comme un des plus sublimes chefs-d'œuvre de la science mélodique; et Rossini, de l'autre côté des Alpes, a beau se récrier sur ce qu'il appelle les opéras *casse-voix*, il n'empêchera jamais tous les dilettanti de l'univers de tomber en extase devant le quatrième acte des *Huguenots*.

Mais nous n'en sommes qu'à *Robert-le-Diable*, dont les représentations triomphales ne purent même être suspendues par la terrible épidémie qui sévissait au commencement de 1832.

On a fait, à ce sujet, une observation curieuse.

A ses diverses apparitions en France, le choléra nous est venu chaque fois à la suite d'un opéra nouveau de Meyerbeer : en 1832, à la suite de *Robert*; en 1849, à la suite du *Prophète*; en 1854, à la suite de *l'Étoile du Nord*. Trois fois la musique du maëstro est entrée en lutte avec le monstre, et trois fois elle est restée victorieuse.

Un feuilletoniste d'assez mauvais goût disait à propos de cette coïncidence :

« Il n'y a rien là que de fort naturel. Quand la musique de Meyerbeer se fait entendre, cela présage nécessairement un fléau. Ce n'est pas un musicien, c'est le diable. »

Nous répondrons que le diable est toujours le bienvenu lorsqu'il charme nos oreilles par de semblables accords.

On l'accueille comme le plus céleste et le plus harmonieux des anges.

Après le succès inouï de *Robert*, le dilettantisme parisien réclamait un second opéra du virtuose. *Les Huguenots* étaient annoncés. Tous les feuilletonistes jouaient le rôle de sœur Anne et montaient au sommet de la tour, afin d'interroger l'horizon, du côté de la Prusse, car Meyerbeer travaillait dans sa ville natale. On disait que M. Scribe était aux abois, que des courriers galopaient sans cesse de Paris à Berlin, que le maëstro bouleversait un acte, puis un autre; que la censure elle-même jetait le trouble et la confusion dans le livret, en supprimant deux personnages, Charles IX et Catherine de Médicis; que cela forçait les auteurs à biffer nombre de morceaux remarquables.

Tout le monde était dans l'inquiétude.

On allait frapper à la porte de M. Gouin[1], factotum de Meyerbeer et son représentant à Paris ; on interrogeait Brandus, l'éditeur du maëstro.

— Cela n'en finit pas ! criait-on. Vous moquez-vous du public ? Écrivez à Meyerbeer qu'il se hâte !

Enfin le maître arrive avec sa partition.

La capitale tout entière s'émeut, l'Opéra pousse des cris de joie, les salons battent des mains et la Bourse monte.

Mais, ô malheur ! juste au moment où les répétitions commencent, madame Meyerbeer tombe malade. Son époux, obligé de la conduire en Italie, reprend

[1] Ancien chef de division de l'administration des Postes.

tous les cahiers de sa partition sur les pupitres de l'orchestre.

— Au nom du ciel ! s'écrie le directeur, laissez-nous votre musique !

— Ma musique et moi, nous sommes inséparables, répond le maëstro.

— Cependant nos conventions exigent...

— Oui, je sais, il y a un dédit de trente mille francs. Passez chez mon banquier, la somme est prête.

Et *les Huguenots*, emportés par une berline rapide, s'éloignent de l'Opéra pour suivre Meyerbeer à Nice.

Heureusement M. Duponchel les voit bientôt revenir.

Dans son allégresse, il rend les trente mille francs au compositeur, et la pièce est jouée au mois de mars 1836.

Le triomphe des *Huguenots* égala celui de *Robert*, n'en déplaise aux assertions de plusieurs critiques haineux, qui éprouvent toujours le besoin de déposer leurs articles, comme des immondices, aux pieds d'un succès.

Nous voyons encore aujourd'hui les Fiorentino, les Escudier et autres, s'escrimer du bec et de l'ongle, qui dans le *Constitutionnel*, qui dans le *Pays*, pour démolir la réputation de Meyerbeer.

Ils ressemblent à des taupes acharnées à la base d'une pyramide.

Le Napolitain Fiorentino veut sans doute obtenir un surcroît d'honoraires. Quant aux critiques siamois connus sous le nom de frères Escudier, nous avons appris une histoire qui les concerne.

— Et, comme nos petits livres sont indiscrets, nous raconterons cette histoire.

Meyerbeer a la fibre de l'orgueil très-susceptible. Quand on l'attaque, il emploie tous les moyens imaginables pour fermer la bouche à ses détracteurs.

Quelqu'un entre un jour au cabinet de M. Mirès, propriétaire du *Pays*, et lui tient ce langage :

— Connaissez-vous l'auteur des *Huguenots* ?

— Non, je ne l'ai jamais vu.

— Tiens, c'est bizarre ! Hier, il m'a parlé de vous avec infiniment d'éloges. A votre place, je lui rendrais visite.

— A l'instant même j'y cours ! s'écrie Mirès, très-friand d'amitiés illustres.

Dix minutes après, il descend de tilbury, rue Richepanse, à l'hôtel du Danube, où le compositeur a son pied-à-terre à Paris. Inutile de dire que la visite était attendue. M. Mirès, émerveillé de l'accueil qu'il reçoit, cause une heure avec le grand musicien, dont l'affabilité gracieuse l'enchante, et Meyerbeer lui dit tout à coup, d'un ton fort calme :

— A propos, on m'attaque dans le *Pays*; le savez-vous?

— Dans le *Pays*? dans mon journal! On oserait se permettre...

— J'étais sûr que vous n'aviez aucune connaissance de ces articles, interrompt Meyerbeer.

— Non vraiment, je vous le jure... Ah! parbleu! je vais joliment laver la tête aux rédacteurs!

Le soir même, les Escudier comparaissent devant Mirès, qui les houspille d'importance.

— Je vous défends, leur dit-il, d'attaquer à l'avenir mon ami Meyerbeer!

— Mais...

— Point de réplique! Vous aurez pour son génie un respect sans bornes.

— Ah! par exemple!

— C'est à prendre ou à laisser. Je donnerai les comptes-rendus lyriques à d'autres, si vous ne vous engagez pas formellement à m'obéir.

— Soit. Il nous restera la *France musicale*, une feuille à nous, où du moins nous serons libres d'exprimer franchement notre opinion.

— Du tout, messieurs, la *France mu-*

sicale n'attaquera pas non plus le maëstro. Croyez-vous par hasard que je vous laisserai de gaieté de cœur vous mettre en contradiction flagrante avec vous-mêmes? Souffler le chaud à droite et le froid à gauche, fi donc!.. ce serait immoral. Allez, j'ai dit mon dernier mot!

Et Mirès congédie les Escudier par un geste d'empereur.

Depuis cette époque, deux journaux de plus rendent justice à Meyerbeer.

Le tour fut très-spirituellement joué.

Nous avons dit que le quatrième acte des *Huguenots* est universellement considéré comme une des plus grandes pages de musique dramatique qui existent; mais, ce qu'on ignore, c'est la manière dont fut composé le duo entre Valentine et Raoul, duo qui termine l'acte, et dont pas une note n'était écrite à la première répétition générale.

Après cette répétition, Meyerbeer entra tout éperdu chez M. Couin, où il logeait alors.

—Qu'as-tu donc? lui demanda son ami effrayé de sa pâleur.

Le maëstro se jeta dans un fauteuil et répondit :

— Nous aurons une chute! Tout va de travers! Nourrit prétend qu'il ne pourra jamais chanter le morceau final du quatrième acte, et chacun lui donne raison.

— Bah!

— C'est comme je te l'affirme. Il est bien temps de le dire, n'est-il pas vrai?

— Pourquoi ne pas faire d'autre musique?

— Impossible. Scribe ne veut plus rien changer au libretto.

— Ah! Scribe se refuse à l'improvisation? cela se conçoit. Demanderais-tu beaucoup de vers?

— Non, très-peu; ce qu'il faut pour servir de motif à un *andante*, voilà tout.

— Bien! reste là dix minutes; j'ai ton homme.

Il était onze heures du soir. Ouin descend, court au divan Lepelletier, et ramène bientôt Émile Deschamps, qu'il a trouvé se livrant aux douceurs du double-six. En un clin d'œil, le poëte improvise quelques vers, dans une situation dont le maëstro lui donne la clef ; puis il souhaite le bonsoir à ces messieurs pour aller reprendre sa partie.

Meyerbeer s'élance au piano et se met à composer un autre duo final.

Ce fut un élan de génie, une fièvre d'inspiration, comme jamais artiste n'en eut de semblable. En moins de trois heures, le maëstro avait terminé sa tâche, et la muse harmonieuse retournait au ciel, laissant ici-bas un chef-d'œuvre de sensibilité, de puissance et d'amour.

Meyerbeer dormit à peine.

Au point du jour, il frappait à la porte de Nourrit, son duo à la main.

— Voyez un peu, lui dit-il, si vous serez plus content de ce nouvel essai ?

Nourrit prend le papier, fredonne l'air,

pousse un cri d'enthousiasme, et tombe dans les bras du compositeur.

— C'est un succès, dit-il, un succès immense ! Je vous le promets, je vous le jure ! Allez, cher maître, allez vite préparer l'orchestration ! Ne perdez pas une minute, pas une seconde !

Le surlendemain, toute la partie instrumentale était prête et chaque musicien trouva sur son pupitre le nouveau duo de Raoul et de Valentine.

Ce fut alors une bien autre scène.

Après l'exécution du morceau, des applaudissements frénétiques éclatèrent dans l'orchestre. Habeneck s'élança par-dessus la rampe pour rejoindre le maëstro, Nourrit et mademoiselle Falcon. Tous les musiciens suivirent leur chef, et

Meyerbeer fut porté en triomphe sur la scène, au milieu d'acclamations à faire tomber les frises. Raoul battait des mains, Valentine pleurait.

Jamais ovation ne fut plus magnifique et plus spontanée.

Voilà qui répond victorieusement aux insinuations perfides des Zoïles, qui affirment, depuis vingt ans, avec toute l'audace de la mauvaise foi et du mensonge, que la fée inspiratrice n'a jamais caressé le front du maëstro, et que tous ces chefs-d'œuvre, dont notre première scène lyrique est si fière, ne sont que le résultat du travail obstiné, de la science patiente et du savoir-faire. *Tu l'as dit, oui tu m'aimes*; a été écrit, nous le certifions, dans la soirée du 20 novembre, de onze heures du soir à deux heures du matin, et « c'est une des plus belles hymnes d'amour, dit M. Léon Kreutzer, qu'un compositeur ait arrachée à son âme pour la jeter toute palpitante sur le théâtre: »

La lenteur avec laquelle se succèdent les opéras du maëstro a donné d'abord quelque créance à ces bruits absurdes. Meyerbeer, nous l'avons dit, fait exclusivement de l'art pour l'art. Comme M. Scribe, il n'est jamais pressé de cueillir une moisson d'or. A ses yeux, la gloire est tout : seul, il décide en arbitre souverain de ce qui est utile ou nuisible à sa gloire. Peu lui importe, après *les Huguenots*, que l'administration Pillet compte ou non sur *le Prophète* ; il ne veut se lier par aucun traité, par aucun dédit. Ce troisième opéra sera joué à son heure, quand le maëstro le jugera convenable, quand les circonstances lui sembleront propices, quand il aura sculpté, modelé, ciselé la partition nouvelle, afin de la rendre digne de ses sœurs. Dix ans, douze ans peut être se passeront; M. Pillet sera ruiné, madame Stolz aura de moins une belle couronne, et M. Scribe jettera les hauts cris, qu'importe encore? Ces considérations multiples, en faveur d'intérêts secondaires, lui semblent très-mesquines au point de vue des hautes questions artistiques.

Meyerbeer a donné, dans l'espace de vingt-trois ans, quatre opéras à la France[1]. *Le Prophète* n'est venu qu'en 1849,

---

[1] L'Allemagne ne voulait pas être oubliée de son

et *l'Étoile du Nord* a montré ses rayons en 1854.

Il paraît que la musique de cette dernière pièce est tout simplement celle du *Camp de Silésie*, opéra joué avec un succès énorme devant la cour de Berlin.

Or, ceci est un des crimes effroyables dont Meyerbeer, aux yeux de la critique, a chargé sa conscience. Plus

---

plus glorieux enfant : il écrivit pour elle *le Camp de Silésie* et *Struensée*. Le sujet de ce dernier opéra est tiré de la tragédie de Michel Beer, frère du virtuose. Il fut représenté en 1846, et Paris ne le connaît pas. Au nombre des principales œuvres composées par le maëstro pour son pays natal, nous citerons : *Une Fête à la cour de Ferrare*, — *la Danse aux flambeaux*, symphonie pour instruments de cuivre ; — une grande *Cantate* à quatre voix d'hommes, poésie de Sa Majesté le roi de Bavière;—l'*Ode au sculpteur Rauch;*— *les Euménides*, tragédie d'Eschyle, avec chœurs et intermèdes d'orchestre ; — le quatre-vingt-onzième *Psaume de David*, à huit voix et *soli*, etc., etc.

indulgent que !le Napolitain Fiorentino et les Escudier, nous donnons au grand musicien l'absolution la plus complète, et nous trouvons fort naturel qu'il n'ait pas voulu travailler exclusivement pour le roi de Prusse.

Le Prophète et *l'Etoile du Nord* sont dignes en tout du génie profond et de la verve puissante qui ont dicté *Robert le-Diable* et *les Huguenots*.

On nous permettra de ne pas entrer dans plus de détails sur deux ouvrages que le public applaudit chaque jour.

Aux répétitions de ses opéras, Meyerbeer est craintif comme un enfant. Il consulte le premier venu; il demande l'avis de tout le monde. Le machiniste, le souffleur, le pompier lui-même jouent

à son égard le rôle de la servante de
Molière. Il les écoute, il tient compte de
leur opinion, il se fie au jugement de
ces oreilles inexpérimentées et naïves.

Mais c'est pour l'opinion d'Auguste
surtout que le maëstro professait un respect sans bornes.

Auguste, allez-vous nous dire?

Oui, Auguste, l'ancien chef de claque
de l'Opéra, un fier personnage! Il gagnait de trente à quarante mille francs,
année commune, et il les gagnait bien.

C'était un véritable Hercule, aux mains
larges et retentissantes. Le soir, au théâtre, il portait un habit tire-l'œil, d'une
couleur folle et inusitée, qui, d'un bout à
l'autre du parterre, le faisait reconnaître de sa troupe. L'habit d'Auguste, à

l'heure du combat, lui servait de panache blanc. Chanteurs et cantatrices, danseurs et danseuses, tout ce peuple harmonieux et léger subventionnait le chef de claque, et les protecteurs de ces dames ne l'oubliaient pas au jour solennel des débuts.

Véron raconte qu'Auguste s'écriait, quand une pièce avait réussi :

« — Quel beau succès j'ai obtenu hier! »

Auguste avait donc à l'Académie royale de musique une importance de premier ordre. Meyerbeer, aux répétitions, allait modestement s'asseoir à sa droite et l'écoutait comme un oracle.

Un soir, Auguste interrompit un air de longue haleine par ces mots :

— Voilà un morceau dangereux.

— Croyez-vous? fit le compositeur.

— J'en suis sûr. Si vous avez beaucoup d'amis dans la salle qui veulent *l'entreprendre*, je le ferai *continuer* par mes hommes; mais je ne réponds de rien.

— Alors, dit Meyerbeer, qu'il n'en soit plus question, coupez-le : vous vous y connaissez mieux que moi !

La pièce une fois représentée et le succès certain, le maëstro change de rôle. Il ne consulte plus personne ; il faut qu'on cède à tout ce qu'il juge nécessaire de couper, de modifier, de rétablir. Debout et campé fièrement sur le terrain des conventions faites, il exige qu'on les observe avec le plus grand scrupule. Son amour de l'art et son désir de n'avoir pour ses œuvres que des interprètes d'élite vont parfois jusqu'à la dureté.

Nous sommes de ceux qui ne cachent jamais un tort, et qui ne reculent pas devant le blâme, lorsqu'un de nos personnages doit l'encourir.

C'était au printemps dernier. *L'Etoile du Nord* tenait seule l'affiche et faisait des recettes splendides. Mademoiselle Decroix, qui chante le duo des Vivandières avec mademoiselle Lemercier, perdit presque subitement sa mère. M. Perrin, directeur de l'Opéra-Comique, accorda, comme l'exigeaient l'humanité et les convenances, un congé de huit jours à la malheureuse artiste, et la fit remplacer par une demoiselle Belia, qui savait le rôle.

Meyerbeer arrive et demande le motif de cette substitution. Le directeur le lui apprend.

— Vous avez bien fait, lui dit le maëstro, de donner un congé à mademoiselle Decroix ; mais il est impossible que j'accepte sa remplaçante. Une clause de notre traité vous défend de doubler les rôles avant la cinquantième représentation.

— Sans doute, mais...

— Mais on suspendra la pièce jusqu'à nouvel ordre : rien de plus simple.

— Y songez-vous? s'écrie M. Perrin, je ne puis ainsi entraver le répertoire ; j'ai besoin des recettes de *l'Étoile*.

— Alors, dit Meyerbeer, faites chanter mademoiselle Decroix !

Nous le regrettons, mais le mot a été dit. La pauvre actrice, appelée dans le cabinet de M. Perrin, fondit en pleurs. Elle ne voulut pas compromettre la fortune du théâtre, et consentit à reparaître en scène trois jours après la mort de sa mère. Le public ignore le désespoir et les larmes qui, de l'autre côté de la rampe, se trouvent quelquefois sous un chant joyeux.

Meyerbeer compose partout, dans les rues, sur le boulevard, le long de nos promenades. Il cueille ses inspirations comme on cueille des fleurs. Souvent il ne recule pas devant le motif le plus vulgaire, qu'il sait rendre très-neuf et très-distingué par l'arrangement et l'orchestration.

Original et distrait de sa nature, il parle seul en marchant, et tient son parapluie tout grand ouvert quand le ciel est d'une sérénité parfaite.

Il a une peur abominable des chats, et tombe en faiblesse quand il aperçoit un homme affligé d'un tic nerveux.

Quelquefois on le rencontre très-mal mis et coiffé de chapeaux indescriptibles. A le voir, sous un pareil costume, marcher rêveur, la tête en avant, les coudes en arrière, on le prendrait pour un marchand de lorgnettes peu satisfait de sa journée.

D'autres fois, il se montre dans une toilette merveilleuse, et la boutonnière enrichie de tous les rubans accordés à son mérite par les souverains de l'Europe. Trente décorations brillent à sa brochette. Quand il la porte dans les grandes solennités, Alexandre Dumas, orné de vingt et une croix de moins, se permet de dire :

« — Voilà le maëstro et son calvaire ! »

Mais c'est jalousie pure. Alexandre Dumas en porterait bien d'autres, y compris celle du mauvais larron, qu'il attacherait volontiers à son habit pour faire nombre.

Dans ses relations intimes, Meyerbeer est affectueux, prévenant, plein d'égards, de politesse et de savoir-vivre. Il dépense sa fortune en grand seigneur et en artiste. Jamais il ne vend ses billets ; il les donne. Quand la liste de location de l'Opéra n'est pas complète, il prend de ses deniers tous les coupons disponibles et les distribue royalement aux acteurs.

A la veille de chaque représentation importante, il rassemble les principaux feuilletonistes et leur paye chez Lemardelay, à l'hôtel des Princes, ou aux Frères-Provençaux, un dîner à faire tressaillir Lucullus sous la tombe.

Meyerbeer appelle cela chauffer la réclame.

Il est probable que le Napolitain Fiorentino et les frères Escudier n'ont jamais eu l'honneur d'être au nombre des convives.

Et puisqu'il s'agit des Napolitains, nous ne voyons pas trop ce qui les empêche de repasser les Alpes et d'aller braquer l'escopette de leur critique sur les compositeurs et sur les chanteurs d'Italie.

Nous arrivons au terme de cette notice, beaucoup trop courte, eu égard à la célébrité de l'artiste éminent dont nous racontons l'histoire. Les faits et les anecdotes usurpent ici la place que les habiles auraient pu consacrer à de savantes appréciations des œuvres du virtuose.

En terminant, toutefois, nous énoncerons une idée modeste.

Il nous semble qu'il en est de la musique comme de la littérature : on aime à relire un beau livre, et l'on assiste plusieurs fois à un bon opéra. Chaque lecture et chaque représentation nouvelle font découvrir des beautés qu'on n'avait point aperçues. On lit encore, on entend de nouveau : le même effet se produit.

Pour nous ce critérium est infaillible.

Nous avons relu vingt fois le même roman de Balzac, vingt fois nous avons assisté au même opéra de Meyerbeer : nous en concluons que Balzac est le romancier par excellence et que Meyerbeer est un musicien sublime.

Le Napolitain Fiorentino peut en rire et déclarer, si bon lui semble, que nos jugements n'ont pas l'ombre de solidité métallique.

L'histoire de Meyerbeer offre ceci de curieux, que, ballotté sans cesse entre deux écoles rivales, il fut obligé de se créer un école à lui, l'école de *Robert-le-Diable*, des *Huguenots* et du *Prophète*. Il est vrai que cette école tend fraternellement la main à la grande école française.

Meyerbeer n'appartient ni à l'Italie ni à l'Allemagne ; il est à nous, à nous seuls.

Pour nous servir de la belle expression de Méry, le grand compositeur est naturalisé Français par lettres patentes de la gloire.

FIN.

200574. Monsieur !

J'ai été pris subitement il y a deux jours d'un accès de toux convulsive et en même temps de maux de têtes si forts, que je crains de sortir surtout de parler dans ce moment. Veuillez m'en demander pardon en mon nom à Monsieur de Garaudé si je ne viens pas au Rendez vous chez M.r Brandus à 5 heures que je lui avais prié ce matin de m'accorder.

Veuillez agréer l'expression de ma considération la plus distinguée

Meyerbeer

www.ingramcontent.com/pod-product-compliance
Lightning Source LLC
LaVergne TN
LVHW050555090426
835512LV00008B/1176